AF335907

Discours

sur

UNE VICTOIRE.

DISCOURS

SUR

UNE VICTOIRE.

PAR

M. L'ABBÉ DE PIETRI,

AUMONIER DU CORPS D'ARMÉE

A BONE (AFRIQUE).

NOUVELLE ÉDITION

REVUE, CORRIGÉE ET AUGMENTÉE PAR L'AUTEUR.

PARIS.

TYPOGRAPHIE DE A. PINARD,
QUAI VOLTAIRE, 15.

1836.

DISCOURS

POUR ÊTRE PRONONCÉ

A LA CÉRÉMONIE D'UN *TE DEUM*

APRÈS UNE VICTOIRE.

MESSIEURS,

S'il est vrai de dire que l'amour de la patrie a toujours été, pour tout homme d'un cœur généreux, une des principales vertus, il n'est pas moins constant que c'est celui qui préside à sa destinée, qui lui inspire ce noble sentiment, avec le courage dont il a besoin, pour illustrer son pays par le sacrifice de sa vie et la gloire des événemens.

Braves guerriers qui, guidés par le flam-
beau de la raison, confirmez aujourd'hui
cette belle vérité par votre présence dans
la maison du Très-Haut, en hommes sages,
vous avez très bien compris qu'il fallait
y venir pour déposer au pied de son trône
l'hommage de vos adorations, et le remercier solennellement du nouveau succès
qu'il vous a accordé sur l'ennemi qui avait
osé nous disputer des droits chèrement ac-
quis: c'est là d'ailleurs une action toute
louable, et à laquelle avait droit de votre
part le Souverain maître de toutes choses ;
celui en qui vous trouverez toujours des
lumières, de la force et de la consolation,
si vous persévérez à consacrer votre vie
non seulement au soutien de l'État,
mais encore de notre sainte religion, qui
contribue si grandement à diminuer la li-
cence de tous ceux qui, par leurs déclama-
tions contre elle et ses ministres, s'efforcent
de l'avilir et la perdre en cherchant ainsi
de priver les malheureux des consolations
les plus douces, que dans leurs infirmités

elle se plaît à leur prodiguer ; de cette
religion qui ordonne de faire du bien à
ceux-là même qui ne sont pas encore entrés
par la foi dans la maison du Seigneur.

Nos armes sont sorties brillantes d'un
nouvel éclat de la mêlée du combat, en-
traînant avec elles une conquête que la
France saura garder , parce qu'elle est,
sans contredit, l'héritage de la victoire.
Voilà, Messieurs, ce qui doit faire en ce
jour le principal sujet de votre joie, que
l'Église est heureuse de pouvoir consacrer
en s'y associant.

Oh ! Messieurs, que d'actions de grâces
ne devons-nous pas rendre à l'Eternel, des
grandes et nouvelles merveilles qu'il vient
d'opérer en faveur de notre belle France !
Non, le Dieu que nous adorons ne sera
point insensible à notre voix et au culte
que nous lui rendons en ce jour : cependant n'oublions pas, Messieurs, que le sacrifice volontaire de tout ce qui pourrait
attacher nos cœurs à la terre, et l'entier
accomplissement de tous nos devoirs en-

vers nos frères malheureux, sont la meilleure marque d'amour et de gratitude que nous puissions donner à notre Dieu dans cette mémorable circonstance; et si je me permets de vous dire que c'est à lui seul que la vertu belliqueuse doit rapporter tout le succès et la gloire de ses armes, c'est d'après la confiance que j'ai, que vous êtes loin de nier l'existence de cet Etre essentiellement bon, qui ne cesse jamais d'aider le faible mortel du secours de ses grâces; de cet Être qui, après cette vie fragile, récompensera la vertu par une éternelle félécité. Non, Messieurs, sans son aide, point de triomphe ni d'actions éclatantes.

L'impiété trouvera peut-être ce langage extraordinaire, je dirai même inexplicable ; mais qu'elle sache bien que je n'entends pas par là de gêner aucunement sa liberté de penser ou d'agir. Il ne m'appartiendrait pas toutefois de prendre ce soin sans m'exposer à enfreindre des droits que la raison et le bon sens m'imposent de respecter. Je ne me suis jamais écarté de ce principe, et, certes, je saurai toujours m'y conformer. Que les méchans par l'incrédulité la plus endurcie troublent et leur esprit et leur cœur, libre à eux, et la Religion ne peut qu'en gémir ; mais à moi, ministre d'un Dieu de paix et de charité, me sera bien permis, sans doute, de dire hautement et sans crainte, que ce n'est point par des phrases ou des exclamations que l'on parviendra jamais à saper les bases d'une religion qui a pour garant de sa durée la parole de son divin maître. C'est aussi en vain que ses ennemis tâcheront de détruire par des cabales ou des sophismes, cette croyance sans laquelle il ne peut plus rien y avoir de sacré pour l'homme sur la terre, attendu que sans elle. c'en serait fait des vérités les plus importantes que Jésus-Christ nous a enseignées ; et, par une conséquence toute nécessaire, l'on cesserait de croire dès-lors, même aux vertus les plus chrétiennes ; l'on cesserait de croire que le soldat qui craint Dieu n'est jamais défait.

Combattre un pareil raisonnement, ce serait combattre Dieu lui-même, ou, tout au moins, lui ôter un de ses meilleurs attributs, celui d'être le principe et la règle de tout bien et l'ennemi de tout mal.

Je me garderai bien, Messieurs, d'émettre à votre égard le moindre doute sur un point aussi essentiel ; car, dégagés comme vous l'êtes de toute erreur et de toute illusion funeste, vous accordez, je pense, à votre Dieu le mérite d'être le premier vainqueur de l'ennemi que l'on veut subjuguer. J'en ai une preuve éclatante, en vous voyant élever, du pied de l'autel de l'agneau sans tache, le doux parfum de vos actions de grâces vers le trône de Sa Majesté Suprême. Oh ! Messieurs, que vous vous montrez véritablement grands aujourd'hui !

Que l'accord du céleste cantique parvienne donc jusqu'au Tout-Puissant pour vous combler de ses dons, et répandre sur vous des bienfaits plus signalés encore que celui pour lequel vous êtes venus le remercier dans son temple.

Eclairés par de sublimes méditations, faites éclater vos sentimens d'allégresse; mais que ce soit principalement pour le confesser, comme étant ce souverain juge à qui rien n'échappe, qui est la vérité et la puissance, en un mot, la sagesse éternelle et immuable qui a tout créé.

Reconnaissez aussi votre faiblesse et votre néant en le considérant comme étant ce roi qui, tenant dans ses mains la balance des monarchies, nous fait jouir aujourd'hui des précieux avantages de la récente bataille gagnée par nos belles et invincibles légions.

Rangés sous l'étendard de cette intelligence suprême qui est la source sacrée de la justice et de la vérité, ne rougissez jamais de vous avouer son peuple fidèle; professez sa doctrine, elle est toute de douceur, et ne peut que vous animer du plus digne usage et de votre liberté et de vos lumières.

Soyez toujours vigilans sur vous-mêmes pour ne pas être surpris par d'aveugles et stupides inclinations ; surtout, ayez continuellement devant les yeux le précieux sentiment de la vertu persévérante qui seule peut procurer à l'homme la véritable paix du cœur.

Pénétrés de votre grandeur et de votre dignité, évitez avec soin toute discussion superflue sur nos saints mystères ; par ce moyen vous donnerez aux hommes des exemples utiles ; des exemples qui profiteront à la société entière, notamment à tous ceux qui ne se lassent point de décocher avec acharnement contre la religion de Jésus-Christ les flèches aiguës de leur fanatisme ; comme si elle n'offrait point aux mortels une morale et des principes purs et sublimes ; comme si elle prétendait qu'il n'y a point de pardon à espérer, tant de la part de celui qui se serait livré aux vices les plus affreux, que de celui qui aurait agi par une ignorance forcée et involontaire : c'est pourquoi l'on ne saurait trop se

méfier de toutes les calomnies dont ses dé-
tracteurs l'abreuvent, et des maximes sédi-
tieuses que dans leur enthousiasme ils ré-
pandent à chaque instant dans des ouvrages
par lesquels ils sont toujours disposés à
décider impérieusement sur tous les points,
mais bien entendu sans jamais rien définir.

Or, n'est-ce pas là, Messieurs, s'éloigner
de cette voie de bonheur, d'ordre et de sagesse que Dieu destine à tous les hommes ?
Quant à vous, Messieurs, tâchez de mériter
de tout temps l'approbation de votre cons-
cience ; après, ne vous mettez nullement
en peine de ce que pourrait dire ou penser
sur votre compte, l'orgueil philosophique,
qui, à mon avis, ne présente aux hommes
que des doutes ou des erreurs.

Fidèles à vos devoirs d'hommes de bien,
faites-vous toujours une gloire de défendre
avec cette même fierté héroïque dont plus
d'une fois vous avez fait preuve ; les inté-
rêts de la religion, l'honneur et les lois de
votre pays ; alors vous mériterez de plus
en plus le glorieux titre de guerriers avec

les mille avantages attachés à ce beau nom;
alors aussi la vertu de son côté se félici-
tera d'être à même de consacrer votre mé-
moire, beaucoup mieux qu'une vaine et
fausse immortalité, ne saurait le faire par
des statues ou des colonnes majestueuses :
En effet, peut-on recevoir en ce bas monde
une récompense plus belle ou plus digne
que celle-là? Mais n'est-elle pas due à la
valeur et au génie militaire? N'est-elle pas
aussi un commencement de celle que
celui qui est la lumière et la vie, réserve à
tous ceux qui auront été fidèles à ses com-
mandemens? Cependant, Messieurs, la vue
d'une récompense flatteuse et le désir d'être
honorés des hommes ne doivent pas seuls
vous déterminer à faire le sacrifice de votre
vie pour la défense de votre patrie, si vous
ne voulez point que votre action soit telle
qu'une jeune fleur qui, prête à s'épanouir,
se trouve aussitôt flétrie par un vent impé-
tueux. Rappelez-vous aussi qu'il n'est
point de prospérités ni de grandeurs ter-
restres, qui n'expirent avec l'homme au lit

douloureux de son divorce éternel avec le monde.

Enfin nos victoires se sont multipliées et la cérémonie de ce jour en est en quelque sorte le fruit.

Grâces infinies vous soient rendues, ô mon Dieu, d'avoir exaucé les vœux de votre peuple; daignez lui continuer ce bienfait, en veillant sur les jours de son Roi. Et à tous ceux qui, pour s'acquitter d'un devoir citoyen, se sont précipités dans les ténèbres du tombeau, avec tout l'éclat et la pompe du plus grand héroïsme, accordez-leur, Seigneur Dieu, cette couronne que vous avez promise au zèle et au courage désin-téressé; déployez sur eux vos grâces en les rendant dignes de vos regards miséricor-dieux.

Précieuses victimes du patriotisme le plus vertueux et le plus pur, nous vous révérons! Recevez le tribut de notre admir-ation et de notre douleur; non, nos regrets ne ranimeront pas vos cendres, mais vous vivrez à jamais dans le souvenir de la pa-

trie pénétrée d'une véritable reconnais-
sance. Appelés à une vie meilleure, jouissez, ah! oui, jouissez en paix du fruit de
vos exploits, et dans l'abandon de votre
bonheur le plus réel, veuillez intercéder,
auprès du juste rémunérateur, pour vos
frères d'armes qu'il a daigné conserver à
la patrie, afin que par leur bravoure, ils
puissent recueillir ces lauriers, que vous
leur avez semés par l'effusion de votre sang,
et qu'à votre exemple ils volent aussi par-
tout où l'usage de leur épée deviendra in-
dispensable à la gloire et à la tranquillité
de leur pays.

Une
Cérémonie Religieuse

A BOUGIE (AFRIQUE),

PAR M. L'ABBÉ DE PIETRI.

Dans ce pays, où le roi des Français m'a appelé avec le titre d'aumônier du corps d'armée à Bône, plus d'une fois j'ai vu dans les hôpitaux des militaires de tout grade donner des preuves irrécusables de leur attachement sans bornes pour la religion de leurs pères ; plus d'une fois je les ai vus invoquer avec respect et confiance, au milieu de leurs souffrances, le saint nom de celui à qui nul ne saurait refuser l'hommage d'adoration et de gratitude, que toute créature doit à son créateur ; plus d'une fois aussi j'ai vu ces braves répéter avec Jacob : *Seigneur, je ne vous quitterai pas que vous ne m'ayez donné votre bénédiction ;* et avec le malade de l'Évangile : *Ah! Seigneur, si vous voulez, vous pouvez me guérir ;* en lui offrant ainsi leur ame et leur vie, pour manifester leur amour envers celui qui nous a aimés le premier et d'un amour éternel.

Si dans de telles circonstances j'ai eu le bonheur de voir mes désirs accomplis au delà même de mes espérances, jamais non plus, comme pendant mon court séjour à Bougie, exemple plus touchant ne s'est offert à mes yeux : oh ! que la religion a de l'empire sur un cœur humain ! Et qui pourrait en douter, après un fait aussi probant que celui que je vais citer en peu de mots, et qui fait le sujet de mes réflexions.

Me trouvant provisoirement à Bougie pour prodiguer aux malades les secours de la religion, et y remplir en même temps toutes les autres fonctions de mon état, je fus invité à faire l'enterrement d'un caporal du 13e de ligne: des soldats caporaux et sous-officiers des divers corps, tenant garnison en cette ville, assistaient à cette cérémonie. Les prières de l'église finies et les honneurs militaires rendus au défunt, un caporal du 13e pronença un discours avec l'accent d'un ami qui a perdu un second lui-même, et des paroles, sans contredit, dignes de sortir de la bouche d'un orateur.

Cette inhumation étant la première qu'un ecclésiastique ait faite à Bougie, je crus devoir profiter d'un moment aussi favorable, pour dire un mot sur les progrès et les bienfaits d'une religion remplie de tendresse envers tous ses enfans, d'une religion qui ne veut et ne désire que le salut de tous les hommes ; j'achevai, en leur adressant à tous la prière de réciter avec moi un *de profundis*, pour le repos de l'ame de tous ceux qui avaient été enterrés dans ce même cimetière, que j'avais eu soin de bénir dès le lendemain de mon arrivée à Bougie ; mais quelle ne fut pas ma surprise, lorsqu'aussitôt je vis tous ces braves qui m'entouraient, la tête découverte, se prosterner humblement, et avec le plus grand recueillement, prier avec moi le Tout-Puissant de vouloir bien faire miséricorde à tant de vaillans soldats tombés sous les coups de l'ennemi, ou victimes de l'influence d'un mauvais climat, comme aussi à tous les civils, que la faux impitoyable de la mort avait décimés.

A la vue de tous ces guerriers se tenant dans une attitude qu'il n'appartient qu'à la religion d'inspirer à ses enfans, mon admiration fut telle, que des larmes de joie s'échappèrent de mes yeux; j'en rendis mille grâces au ciel, m'étant permis sans doute, de ne voir rien autre chose en un pareil exemple, qu'un nouveau triomphe pour la religion du Christ.

Et pourtant! ce sont là, me suis-je dit, ce sont-là des soldats! Eh! oui ce sont des soldats, mais des soldats qui aiment leur Dieu et servent fidèlement leur prince; ce sont des gens de guerre, c'est-à-dire des hommes dont l'obligation est de veiller à notre garde et de nous défendre contre les attaques de l'ennemi. Ce sont des gens de guerre, mais qui ont du respect pour la religion et ses ministres, et dont les mœurs sont selon Dieu. Non ce ne sont donc pas des hommes, j'aime à le croire du moins, dépourvus de toute crainte de Dieu, ou qui sous la peau d'un agneau, seraient venus faire ici la manœuvre ou la parade d'hommes dévots, c'est-à-dire, d'hommes qui chercheraient à en imposer ; pénétrés de leur devoir, ils le remplissent sans ostentation. Gloire à eux ! et que la religion vive à jamais ! Oui, religion sainte, vivez à jamais ! Applaudissez-vous d'avoir pu ceindre votre front de cette couronne que des enfans qui vous aiment vous ont décernée au pied de ce brûlant rocher où reposent en paix les cendres de tant de braves morts dans votre sein ! Gardez-la comme le gage le plus tendre de leur fidélité et de leur éternelle affection ; et dans votre bonté infinie, daignez surtout exaucer leurs vœux. Oh !

que vous m'avez paru alors beaucoup plus belle que la lune, et infiniment plus resplendissante que le soleil qui s'avance vers le midi! Aussi quel sera désormais celui qui voudrait venir me prouver que vous n'êtes plus aujourd'hui qu'un vain mot dans la bouche des hommes? qui voudrait faire comprendre au vrai croyant, que la science sans l'humilité ne soit pas un poison qui corrompt et enfle le cœur? que ne pas se conformer aux coutumes et aux vanités de ce monde, c'est avoir le cœur gâté, c'est perdre sa vertu, manquer sa vocation et s'exposer à de cruels remords? Le bon sens ne tarderait certainement pas à y faire droit; de même que la religion, malgré toutes les nouvelles épreuves par lesquelles la malice des hommes se plairait à la faire passer, elle n'en relèverait pas moins sa tête radieuse d'une véritable grandeur, d'un seul de ses regards terrassant le plus grand comme le plus téméraire de ses persécuteurs, non pas pour marquer ou assouvir sa vengeance, car elle ne peut ni ne doit se venger, mais pour persuader les peuples que toutes les puissances de la terre et de l'enfer réunies ne seront jamais capables de faire disparaître sous la masse des flots la barque de Pierre.

FIN.

IMPRIMERIE ET FONDERIE DE A. PINARD,
Quai Voltaire, 15.